JN412144

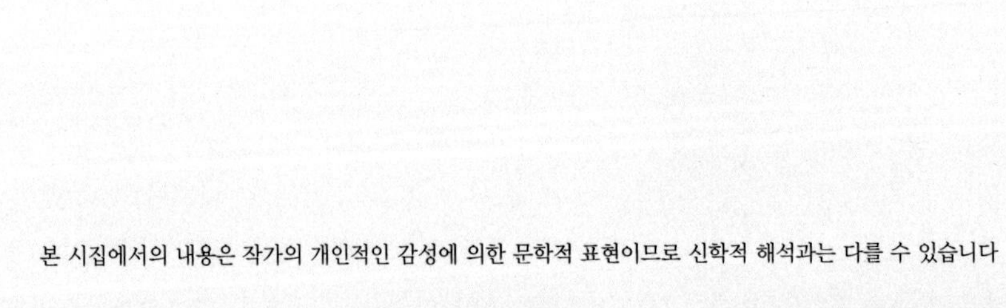

본 시집에서의 내용은 작가의 개인적인 감성에 의한 문학적 표현이므로 신학적 해석과는 다를 수 있습니다

빛의 여정

금동경 지음

진실에서 진리로 그리고 더불어

목차

1부

진실을 위하여

2부

진리를 찾아서

3부

더불어 사는 세상

1부

진실을 위하여

진실을 위하여

진실은 칼끝처럼 날카롭지 않다.
오히려 한 줄기 빛처럼,
먼지 속에서도 길을 드러내고
어둠조차 스스로를 숨길 수 없게 한다.

사람들은 그 빛을 두려워한다.
눈부셔 외면하거나,
자신의 그림자가 드러날까 고개를 돌린다.
그러나 진실은 감춰지지 않는다.
침묵의 돌 아래에서도
스스로 맥박치며 자라난다.

진실을 위하여 산다는 것은
칼을 쥐는 일이 아니라,
깊은 거울 앞에 자신을 세우는 일.
그 거울 속에 비친 상처와 모순을
끝내 외면하지 않는 용기.
진실은 완전한 승리를 약속하지 않는다.
때로는 고독을, 때로는 상처를 남긴다.
그러나 그것 없이는
삶은 허공의 메아리일 뿐.

나는 묻는다.
거짓된 평화와 불편한 진실 사이에서
과연 어느 쪽을 선택할 것인가.

진실을 위하여—
오늘도 내 안의 불씨를 지키며
어둠 속에 작은 등불을 올린다.

(동경의 단상)
진실을 추구하는 이유는
안락함 때문이 아니라,
그것 없이는 존재가 공허해지기 때문이다.

자유와 책임-날개와 무게

자유는
무한히 펼쳐진 하늘,
책임은
그 하늘 위를 걸어가게 하는
보이지 않는 무게.
자유만 있고 책임이 없다면
그것은 공허한 비행,
책임만 있고 자유가 없다면
그것은 꺾인 날개.
자유와 책임은
서로를 제약하는 것이 아니라,
서로를 완성하는 두 힘.
인간은 그 사이에서만
진정한 존재가 된다.

(동경의 단상)
책임 없는 자유는 추락이고,
자유 없는 책임은 속박이다.

시간의 그림자, 기억의 불꽃

시간은
스스로 형체를 갖지 못한 그림자.
우리가 살아내는 순간순간만이
그 그림자에 빛을 부여한다.
기억은
그 빛이 남기고 간 불꽃,
이미 사라진 것들의 부재 속에서
여전히 살아 있는 언어.
시간은 앞을 향해 달리지만
기억은 뒤를 향해 손을 흔든다.
그 두 흐름이 교차하는 자리에서
우리는 비로소 "나"를 깨닫는다.

(동경의 단상)
시간은 흘러가고,
기억은 머무른다.

운명-보이지 않는 설계도

운명은
우리 안에 새겨진
투명한 지도.
그것은
우연의 탈을 쓰고 다가와
삶의 방향을 꺾어 놓는다.
운명은
피할 수 없는 강의 흐름이면서,
동시에
그 흐름 속에서 저항하는
우리의 몸짓이기도 하다.
결국 운명은—
정해진 길이 아니라
우리의 선택과 겹쳐져
새롭게 쓰여지는
시간의 설계도.

(동경의 단상)
운명은 우연이 머무른 뒤
필연이 되는 이름이다.

미래-아직 오지 않은 시간의 심장

미래는
도래하지 않은 현재,
존재하지 않음으로써
이미 존재하는 그림자.
그것은
희망의 불꽃이자
두려움의 그림자,
우리의 상상 속에서만 뛰고 있는
투명한 심장.
미래는
정해진 길이 아니라
우리의 발걸음에 따라
끝없이 수정되는
시간의 미완성 원고.

(동경의 단상)

미래는 오지 않는 것이 아니라,
지금 태어나고 있다.

역사-시간의 강 위에서

역사는
멈추지 않는 강물,
죽은 이들의 목소리가
침묵 속에서 부딪혀
새로운 파문을 일으킨다.
그것은
과거라는 무덤에 묻힌 것이 아니라,
현재를 관통해 흐르는 피,
우리의 의식 속에 여전히
끓어오르는 불길.
역사는 단순한 기록이 아니다.
보이지 않는 손길이
현재를 조각하는
시간의 거대한 망치.

(동경의 단상)
역사는 어제의 발자국이 아니라,
오늘을 빚는 손길이다.

전쟁-불타는 시간의 기계

전쟁은
철과 불이 부딪히며
시간을 갈아 삼키는 괴물.
그 속에서 인간은
숫자로 환원된 그림자,
역사의 톱니에 끼인
익명의 먼지.
전쟁은
죽음의 합창이 아니라,
존재가 부정되는 침묵.
그 침묵 속에서 조차
새로운 울음이 태어난다.

(동경의 단상)

전쟁은 인간이 사라질 때 피어나는 거대한 침묵이다.

거짓-허상의 가면

거짓은
투명해 보이는 가면,
빛을 흉내 내는 어둠.
그것은
눈부신 속도 속에서 태어나
스스로의 허기를 채우지 못한 채
끝없이 번져가는 환영.
거짓은
진실의 부재가 아니라,
진실을 감추려다
더 선명하게 드러내는 역설.
결국 거짓은
스스로의 그림자에 질식하며
사라지는 불꽃이다.

(동경의 단상)

거짓은 스스로를 무너뜨리며,
진실을 증명한다.

환상-허상의 건축물

환상은
아직 지어지지 않은 성,
허공 위에 세워진 계단.
그곳에서
우리는 존재하지 않는 방에 앉아
이미 있었던 듯 대화한다.
환상은
현실을 부정하는 것이 아니라,
현실이 감추고 있는
또 다른 얼굴.
그러나 그 얼굴은
손끝에 닿는 순간 흩어져
다시 안개의 입자가 된다.

(동경의 단상)

환상은 현실이 숨겨둔 또 하나의 그림자다.

현실-거울의 무게

현실은
망상과 허상의 안쪽에 드리운
차갑고 투명한 거울.
그 거울은
희망을 비추면서도
불가능의 틀을 새겨 넣는다.
현실은 꿈의 반대가 아니다.
그것은 꿈이 발 디딜 수 있는
보이지 않는 무게,
넘어야 할 그림자의 산맥.

(동경의 단상)

현실은 꿈이 뿌리내리는 흙이다.

꿈-존재의 그림자

꿈은
현실의 틈새로 스며든
또 하나의 존재.
의식이 닫힌 자리에
잠재된 나의 또 다른 얼굴이
낯선 언어로 말을 건다.
꿈은 불가능의 옷을 입은 가능성,
아직 태어나지 않은 내일이
어젯밤의 어둠 속에서
조용히 몸을 뒤트는 순간.

(동경의 단상)

꿈은 미래가 현재를 미리 스쳐간 흔적이다.

추억-시간의 결정체

추억은
흐르는 시간을 응결시킨
투명한 수정(結晶).
사라진 듯 보이나
빛을 받으면 다시 살아나는
숨은 언어.
추억은 부재의 잔향,
그리움과 기억이 맞닿아
형체 없는 꽃을 피운다.
그리고 우리는
그 꽃 향기를 들이마시며
과거를 현재로 되살린다.

(동경의 단상)

추억은 시간이 남긴 향기다.

그리움-부재의 불꽃

그리움은
사라진 빛의 잔향,
눈에 보이지 않으나
심장을 태우는 불꽃.
그것은
부재 속에서만 자라는 나무,
잊힘과 기억의 경계에 피어난
투명한 꽃.
그리움이 없다면
사랑은 기억되지 못하고,
그리움이 있기에
사랑은 끝나도 살아 있다..

(동경의 단상)

그리움은 떠난 사랑의 그림자다.

기다림-시간의 고요 속에서

기다림은
멈춰 선 시계가 아니다.
그것은
앞서 흐르는 시간을 따라
내 영혼을 늘려가는 일.
기다림은
도래하지 않은 미래와의 대화,
아직 이름 없는 존재를
이미 마음에 품는 행위.
그 고요 속에서
나는 부재를 끌어안고,
부재는 나를 더 깊은 존재로 깎아낸다.

(동경의 단상)

기다림은 미래를 미리 안아주는 일이다.

만남-두 궤도의 충돌

만남은
고요히 떠도는 별들이
보이지 않는 중력에 이끌려
부딪히는 사건.
그 충돌은 때로 상처를 남기고,
때로 새로운 우주를 창조한다.
만남은 우연이 아니라,
서로의 궤도를 바꾸는 힘,
존재가 서로에게 남기는
불가피한 흔적.

(동경의 단상)

만남은 인생의 새로운 문이 열리는 순간이다.

이별-사라짐의 미학

이별은
두 강이 끝내 다른 바다를 향해
흘러가는 운명.
그것은
남아 있는 향기를 지우지 못한 채
허공에 흩날리는 그림자,
존재와 부재가 교차하는 경계선.
이별은 부정이 아니라,
다른 형태의 지속—
사라짐 속에 남겨진
보이지 않는 잉크의 흔적.

(동경의 단상)
이별은 사라짐이 아니라,
형태를 바꾼 만남이다.

절망–무너진 시간의 골짜기

절망은
빛조차 삼켜 버린 검은 심연.
그곳에서는
언어가 부서지고,
침묵마저 무게를 가진다.
절망은
존재가 스스로를 부정하는 순간,
시간이 흘러도
앞으로 나아가지 못하는
정지된 강물.
그러나—
그 바닥에서만 들려오는
가장 깊은 기도의 떨림이 있다.

(동경의 단상)

절망은 새 희망이 태어나는
검은 자궁이다.

책임-어깨 위의 별

책임은
돌덩이가 아니라
불빛을 품은 돌—
어깨 위에서 무겁게 누르면서도
길을 비추는 별이 된다.
그것은
자유의 반대가 아니라
자유의 숨은 얼굴,
날개를 단 자가
감당해야 할 보이지 않는 중력.
책임이 없는 자유는
허공의 메아리일 뿐,
책임 속 자유만이
진짜 목소리를 가진다.

(동경의 단상)

책임은 자유의 또 다른 이름이다.

자유-무게 없는 무게

자유는
사슬이 풀린 빈 공간이 아니라,
내 안의 무게를 견디는 투명한 힘.
그것은
바람의 속삭임처럼
잡히지 않으면서도,
심장의 가장 깊은 곳에
묵직하게 울린다.
자유란—
경계의 선을 지우는 행위가 아니라,
그 선 위에서 춤추는 능력,
속박조차 나의 리듬으로 바꾸는
존재의 비밀.

(동경의 단상)

자유란, 경계 위에서 춤추는 용기다.

회복과 화해-빛의 봉합

회복은
찢어진 어둠의 틈새를 꿰매는 빛,
상처의 언어를 다른 색으로 번역하는 일.
화해는
끊어진 선율이 다시 이어져
낯선 조화를 이루는 순간,
불협화음조차 하나의 교향곡이 되는 일.
우리는
깨어진 파편들을 모아
새로운 형태의 그릇을 빚는다—
그 금빛 금이야말로
존재의 아름다움이다.

(동경의 단상)
회복은 상처의 다른 이름,
화해는 그 상처가 빛으로 바뀌는 순간이다.

고독-내부의 우주

고독은 하나의 거울,
그 속에서 나는
나조차 모르는 얼굴을 만난다.
사람들의 소음이 사라진 자리에
깊은 심연이 열리고,
그곳에서 나는
나를 삼키는 나와 대화한다.
고독은 결핍이 아니라,
내면에 숨어 있던 우주를
낱낱이 비추는 검은 별빛.

(동경의 단상)

고독은 나의 또 다른 이름이다.

희망-빛의 씨앗

희망은 부서진 잿더미 속에서
끝내 꺼지지 않는 불씨,
절망의 그림자가
온 하늘을 덮는다 해도
그 불꽃은 무심히 타올라
새로운 우주를 예비한다.
희망은
아직 도래하지 않은 미래의 기억,
존재하지 않음으로써
이미 존재하는 빛의 씨앗이다.

(동경의 단상)
희망은 아직 오지 않은 미래를
지금 살아내는 힘이다.

삶과 죽음-경계의 숨결

삶은 빛의 파문,
죽음은 어둠의 심연.
두 존재는 서로를 삼키며
끝없는 나선을 그린다.
죽음은 삶을 부정하는 것이 아니라,
삶을 증명하는 또 하나의 언어,
지워짐 속에서만 드러나는
존재의 음각.
우리는 그 사이,
빛과 그림자가 교차하는 틈새에서
한순간 불타오르는
호흡의 불씨.

(동경의 단상)
죽음은 끝이 아니라,
삶을 빛나게 하는 숨결이다.

시간의 얼굴

시간은 보이지 않는 조각가.
우리의 뼛속에 주름을 새기고,
영혼 위에 그림자를 덧입힌다.
그것은 직선 같으면서도
끝없는 원을 그리며,
태어나기 전과 죽은 후를
하나의 점으로 잇는다.
우리는 그 선 위를 걷는다—
이미 지나간 발자국조차
다시 밟을 수 없는
단 하나의 궤적을 따라.

(동경의 단상)
시간은 우리를 데려가는 것이 아니라,
우리 안에서 자라나는 것이다.

존재 이야기

삶은 단순한 호흡이 아니다.
각자는 불공평한 선율을 배당받고,
그 안에서 자신만의 리듬을 찾아야 한다.
그러므로
존재란 끝내 완결되지 못할 원고,
그러나
반드시 써 내려가야 할 이야기다.

가을 아침에 쓴 존재의 서사

가을의 숨결이
투명한 칼날처럼 폐를 스치고,
나는 이름 없는 질문을
허공에 매단다.
살아 있음이란,
단순한 호흡의 파편이 아니라
흔들리는 빛과 그림자가
서로를 증명하는
짧은 우주의 문장.
유한의 틀 안에서
우리는 불공평한 선율을 배당받고,

각자는 자기만의 리듬으로
침묵의 오선지 위를 걷는다.
그러므로 삶은—
하나의 생존이 아니라
끊임없이 수정되는 초안,
끝내 완결되지 못할 이야기.
나는 다만
잉크보다 빨리 사라지는 바람 속에
한 줄기 흔적을 남기고 싶다.
그 흔적이 곧
나의 이유, 나의 노래

디지털 vs 아나로그 1 (빛)

화면 위로 흘러내리는 빛은
새벽의 물결처럼 빠르게 번지고,
낡은 노트 속 잉크는
저녁 햇살처럼 천천히 스며든다.
빛은 순간을 포착해
잊혀지지 않는 복제를 만들고,
잉크는 흔들리는 손끝에서
하나뿐인 떨림을 남긴다.
디지털의 바다는
투명한 별빛처럼 차갑게 반짝이고,
아날로그의 숲은
나무의 숨결처럼 따뜻히 흔들린다.

어떤 이는
속도를 사랑하고,
어떤 이는
여운을 붙잡는다.
그러나 우리의 삶은
두 강이 합쳐지는 시점처럼
빛과 잉크가 함께 흐른다.
하루는 기록으로 남고,
또 하루는 데이터로 저장되며,
그 사이에서
우리는 빛과 그림자를 동시에 품은
하나의 노래가 된다.

디지털 vs 아나로그 2 (두개의 맥박)

하나의 세계는
빛의 점멸,
0과 1의 무음 속에서
영원을 잘라
가속하는 허공을 낳는다.
다른 세계는
침묵의 떨림,
잉크의 번짐이
숨결을 굳혀
종이에 시간의 지문을 새긴다.
하나는
언제나 현재를 무한히 복제하며
미래를 과거보다 먼저 불러들이고,
다른 하나는
느린 파동으로 균열을 봉합하며
잊힘조차 기억의 일부로 묶는다.

빛의 바다는
차갑게 투명하고,
바늘의 숲은
따뜻하게 불투명하다.
우리는 그 사이를 건넌다.
속도의 심장과,
여운의 폐,
서로 다른 리듬을 겹쳐
낯선 춤을 추는 존재들.
아마도 삶이란—
디지털로 쪼개진 심장과
아날로그로 번지는 그림자가
한 몸에 공존하는,
이율배반의 합창일 것이다.

심연으로의 항해

흐르는 강물에게 묻지 않는다네,
어디쯤이 심연인지.
다만, 고요한 밑바닥이 품고 있는
흔들림 없는 돌의 무게를 탐할 뿐.
그것이 곧 진리의 맥박임을 알기에.
그러나 영혼은 끝없이 갈증한다.
오래된 우물물처럼 맑은 지혜와,
인간의 모든 그림자를 감싸 안는 넉넉한 불빛,
지극히 휴머니스틱한 사랑의 깊이를.
모래시계는 야속하게도 뒤집히고,
모든 것을 채우려는 과욕은
스스로를 삼키는 어둠의 늪임을 경계한다.
그러므로, 한 호흡이 스며드는 동안,
가슴은 멈추지 않는 사유의 날개를 펴고,
갈망의 촉수를 뻗어
세상의 모든 떨림과 기쁨을 감지한다.

결국,

이 모든 탐구의 끝은 만물에 대한 깊은 포옹.

유한한 시간의 테두리 안에서

무한한 사랑이 되어 스며드는 것.

그것이 나의 문학이 되고

나의 삶이 되기를.

조각배

우리는 빈손으로 이 낯선 강물에 내려
저마다 다른 조각배에 몸을 싣고.
어떤 이는 황금빛 돛을 높이 달고
명예의 폭풍을 쫓아 전진하고,
어떤 이는 지식의 별을 나침반 삼아
철학의 미로 속을 더듬어 간다.
정의라는 굳건한 닻을 내린 자,
권력이라는 격랑을 홀로 헤쳐나가는 자.
예술의 섬에서 영원의 그림자를 그리고,
희생과 봉사의 짐을 지고 느리게 젓는 자.
무엇이 우리 안의 불을 지펴,
유한한 항해를 멈추지 않게 하는가.
결국, 모든 욕망의 짐을 내려놓고 보면
우리가 강물 위에 남길 수 있는 것은
흐르는 물살을 부드럽게 감싸 안았던
따뜻한 파문뿐인 것을.
돌처럼 단단하게 움켜쥐었던 모든 가치도
시간의 강물 앞에서 부서져 사라지나,
오직 사랑만이 물방울처럼 반짝여
다음 세대의 강가에 젖은 촉촉함으로 스며든다.
우리가 사라진 뒤,

우리의 이름 석 자는 얼마만큼의 메아리로 남을까.
그러나 마음을 건넨 순간들은
가장 오래된 별자리처럼 남아
길 잃은 다음 항해자를 고요히 비춘다.
그러니 우리의 짧은 여정,
이 조각배의 운명을 다하는 순간까지,
가장 빛나고, 가장 힘이 세며,
가장 넓게 퍼지는 그 파문을 만들자.
모든 것을 녹여 품는
사랑이라는 영원의 물살을.

엇갈린 궤적의 왈츠

초록의 울림 속에 태어나
세상의 빛과 색을 품은 이여.
낡은 붓은 시간을 수놓고,
은빛 발끝은 중력을 거슬러 날았다.

우연의 시선,
다른 은하에서 온 영혼이 맞닿을 때,
그의 눈엔 그녀의 선율이,
그녀의 눈엔 그의 순수가 비쳤다.

멀리 떨어져 있음이
오히려 사랑의 뿌리가 되어,
닿을 수 없음조차
숭고한 서약처럼 영혼을 묶는다.

세월의 강은 흐르되
두 영혼은 보이지 않는 실타래로 이어지고,
그의 붓은 그녀의 춤선을,
그녀의 발끝은 그의 색채를 향한다.

엇갈린 궤적 속에서,
그 진실은 영원히 빛나리.

(동경의 단상)
한 무명 화가와
프리마 돈나 발레리나의 스토리를 기억한다.

젊은 영혼이여

젊은 영혼이여,
두려워 말라 세상의 빛과 그림자,
그 모두가 우리의 길
앞선 세대의 발자취 위에서
우리는 새로운 지도를 그려야 해
멈추지 않는 강물처럼,
포기하지 않는 씨앗처럼 땀방울은 별이 되고,
노력은 꽃이 될 테니 넘어져도 괜찮아,
다시 일어서면 돼
인내의 시간은 우리를 더 단단하게 만들 거야
두 손을 맞잡고
어깨동무하며 함께 노래하자,

희망의 멜로디를 하나의 꿈이 모여
거대한 파도가 되리니
내일은 우리의 것, 우리의 세상
더 나은 미래를 위해,
더 성숙한 우리 자신을 위해
우리의 오늘을 빛내자
젊음은 도전이고, 삶은 전진이니까
힘차게 나아가자,
빛나는 내일을 향해

아 가을인가

차가운 바람 한 줌
창문 틈으로 스며들어
어깨 위로 앉습니다.
기승 부리던 여름의 잔상,
뜨겁던 기억들은 가만히 내려놓고
서서히 빛바랜 사진처럼 흐릿해집니다.
길어진 그림자,
낙엽 뒹구는 소리
귓가에 속삭일 때마다
먼 기억 속 당신의 목소리가
불어오는 바람에 실려 옵니다.
스산한 마음 한 자락 쓸쓸함으로 채워지지 않고,
오히려 그리움이라는 작은 평화가 되어
고요히 나를 감싸 안습니다.
가을의 길목에서 다시금 발견하는
작고 소중한 감사의 조각들
오늘은 그 조각들을 주워 담으며
천천히 걸어가야겠습니다.

홀로 선 나무

한 주를 돌아보는
고요한 토요일 오후,
창가에 앉아 나는 한 그루 나무가 된다.
세월이라는 거센 바람에도
꺾이지 않고 단단히 뿌리 내린 삶.
무성했던 잎들은
흩어져 텅 빈 가지에 추억만 남았지만
가지마다 새겨진 나이테는
걸어온 시간의 자랑스런 훈장이다.
바람이 지나간 자리,
새들이 떠난 둥지를 바라보며
다음 계절의 희망을 기다린다.

아침이 온다

아침이 온다
묵은 밤의 이불을 걷어내고
새하얀 햇살이 창을 두드린다.
어둠 속에서 헤매던 그림자들
소리 없이 사라지고
가슴 속 깊은 곳에서
작은 온기가 피어난다.
어머니의 손처럼 다정하게
세상의 모든 것을 감싸는 따스한 햇살 아래
어제보다 더 크게 자란 나의 그림자를 본다.
바람 한 줌,
풀잎에 맺힌 이슬방울
하나님의 손길처럼 반짝이는
작고 사소한 평화가 내게 속삭인다.
괜찮아,
모든 것은 지나가고
다시 시작되는 거야.
오늘도 사랑할 이유가,
감사할 이유가 충분한
새로운 하루가 시작되었으니.

아침 산책

연분홍 노을빛에 씻긴 듯 하늘이 투명하다.
새벽 공기 맑은 내음이 이불 속을 파고든다.
창을 여니 코끝에 닿는 상쾌한 바람,
그리운 얼굴의 속삭임처럼 다정하다.
아, 사랑스러운 이 계절의 시작.
차가운 바람결에 실려온, 따스한 햇살.
어느새 가벼워진 옷깃에 미소를 짓는다.
기분 좋은 설렘이 발걸음을 가볍게 한다.
사랑하는 당신과 함께 걷고 싶은 아침,
이 모든 순간이 선물처럼 빛나는 시간.

홀로 걷는 길

쓸쓸한 가을날,
낙엽처럼 가볍게 떠난 그대.
스물아홉, 채 피지 못한 꽃잎은
내 안에 붉은 그리움으로 박혀 있다.
텅 빈 방에 앉아 그대 옷가지 냄새를 맡는다.
손때 묻은 찻잔, 낡은 책갈피.
시간은 멈추었는데 세상은 여전히 흐른다.
그대와 걷던 길,
이젠 나 홀로 걷는다.
쓸쓸한 바람은
그대 속삭이던 목소리를 닮아
내 귓가에 맴돈다.
그리움은 바람이 되어 내 마음을 흔들고
나는 흔들리는 갈대처럼 그대를 부른다.
사랑하는 그대,
다음 생에는 더 오래 함께하자.

참된 휴가

사람들은 무리 지어 떠나고
나는 반쯤 비워진 사무실에 남는다.
햇살 아래 웃음꽃은 피어나지만
내 가방은 설렘보다 무거웠다.

바다와 계곡, 모래 위를 지나며
잠시 나를 내려놓아 보지만
찬란한 하늘과 들뜬 세상 속에
내 곁은 조용히 울린다.

휴가보다 따뜻했던 것은

커피잔 건네던 동료의 미소,

복사기 앞에서 나누던

짧은 일상의 숨결이었다.

나는 알았다.

돌아갈 곳이 있다는 사실을.

(동경의 단상)

참된 휴가는,

돌아갈 일상이 있음을 깨닫는 순간이다.

빛은 어디에...

장맛비가 그치면 더위,
더위가 물러가면 다시 비.
7월은 단조로운 반복의 계절.

휴가와 햇살은 엽서 속 풍경일 뿐,
삶은 여전히 제자리에서 맴돈다.
희망은 달력 뒤로 접히고
비전은 파도에 씻겨 사라졌다.

사랑은 가벼워지고
눈빛 대신 읽음표가 남는다.
내 아이들은 바쁘다.
나는 작업용 장갑을 끼고
오늘도 아무렇지 않게 출근한다.

예순넷의 나에게 묻는다.
빛은 어디에 있는가.
혹시 아직 꺼지지 않은
작은 등불로 내 안에 남아 있는 건 아닐까.

삶은 반복되는 일상 속에서도
빛을 향한 물음을 멈추지 않는다.
희망이 희미해진 자리에서조차
내면의 등불은 꺼지지 않고
기억과 기다림으로 이어진다.
빛은 밖에서 오는 것이 아니라
이미 내 안에 남아 있는 흔적일지도 모른다.

현명한 고독의 초상(肖像)

진정한 외로움의 근원은
하늘 아래 아무것도 아닌 것들에 깃들지 않는다.
들판에 홀로 그림자를 드리운
플라타너스의 웅장한 침묵도 아니요,
산자락 아래 서성이는 암사슴의 순결한 고독도 아니며,
푸른 창공을 가로지르는
이름 모를 새의 자유로운 비상(飛上) 또한 아니다.
바로 우리들 자신,
이 지나치게 현명한 영혼들.
외로움이라는 감정의 날카로운 정체를
너무나 명료하게 인식하고 있는 존재들.
그 깨달음이 곧 우리를
가장 깊은 고독 속으로 밀어 넣는 숙명이다.

그럼에도 불구하고,
우리의 구원은 사랑 안에 있다.
이 외로운 존재들이 서로를 향해 뻗는
지극히 작은 손짓과 진심 안에서,
가장 거대하고 난해한 삶의 역설은 이루어진다.
작은 씨앗 하나로 만물의 숲을 이루어 내듯,
우리는 서로를 사랑함으로
이 현명한 고독을 뛰어넘어
가장 충만한 의미에 닿을 수 있을 것이다.

노을빛 이별가

시간이 채워지면,
마땅히 그 자리를 비워야 하리.
가슴을 도려내는 듯한 앓음일지라도
움켜쥐었던 모든 미련을 놓아주고
더 이상 바둥거리지 않으리.
돌아보지 않을 결단만이 남아.
때가 무르익으면,
지체 없이 이 경계(境界)를 떠나야 하리.
우리의 인연은 이미 석양 노을이 드리운
연붉은 채색 옷을 입고,
세월의 긴 그네에 몸을 실은 채,
모든 집착으로부터 무심(無心)해질지니.

입동(立冬)

문득,

손끝이 알려주는

차가운 전언(傳言).

아, 벌써 계절은

겨울의 경계 안으로

깊숙이 발을 들여놓았는가.

모든 것을 움츠리게 하는

이 서늘한 체온을 빌미로

마음마저 딱딱하게

결빙(結氷)되지는 않기를.

간절한 기원 속에

오히려 가장 깊은 곳의 온기를

지켜내려는 섬세한 투쟁이 시작된다.

손은 시려도,

영혼의 난로는

여전히 타오르게 하소서.

결핍의 언어, 시간의 무게

지워진 익숙함.
습관처럼 반복하던 행위가
문득,
빈자리로 돌아올 때.
부르지 못하는 노래와
닿지 못하는 말들이 맴돌고,
익숙했던 소리의 메아리는 끊긴다.
사유의 궤적이 멈추고,
더는 기다릴 갈망마저 소멸된 순간.
그리하여 시간은.
더디고, 무거운 짐처럼
발목을 잡아 흐름을 잃고 멈추어 선다.
낯선 정적(靜寂)이 모든 공간을 채운다.
그러나.
이 침묵의 간극(間隙)은
오래가지 못하리.
새로운 일상의 문법이,
본능의 뿌리로부터 솟아올라
그 모든 빈자리를 메우고야 말 것이기에.
상실의 자리에 익숙함이라는
덤덤한 껍질이 이내 덮어씌워질지니.

이기적인 vs 이타적인

이기적인 것과
이타적인 것은
항상 대립하는 개념은 아니다.
이타적이기 위해
철저하게
이기적이어야 할 때도 있다.
그리고
철저하게 이기적인 것은
타인에게 그 사실이
확인되는 순간부터
오히려
철저하게 이타적이 된다.
타인이 그 것을 인지한 후로는
이기적인 자에 대한
쓸데없는 관심이나 에너지를
허비할 필요가 없을 것이기 때문이다.
결국 모두는
이기적인 이타주의자이거나,
이타적인 이기주의자 일수 있다.

‘존재’ 와 ‘삶’

새벽에
잠에서 깨어나
눈을 뜨면,
새로운 날에 대한
형언할 수 없는
감사와
기대로
하루를 시작한다.
기대가 있다는 것은
단순히 살아 숨쉬는
‘존재’가 아닌
삶을 살고 있음을
의미한다.
고로,
나는 아직
삶으로 존재한다.
능동적으로,
또한
감각을 가진 자로…

나를 내려 놓는다는 것은,

나를 내려 놓는다는 것은,
무슨 의미일까, 이 침묵의 경계는?
말을 갈무리한 채 잠잠히 서 있는 것인가.
모서리 닳아버린 자존심 위로
입술 깨물어 꾹꾹 눌러 담은 인내의 무게인가.
혹은, 등을 돌려 외면해버린 냉정한 무시인가.
모든 죄를 짊어진 듯, '나의 허물'이라 외치며
두 손 들어 올리는 항복인가.
버거움에 지쳐,
상황을 외면하고 돌아서는 포기의 뒷모습인가.
아니다. 그건 어쩌면,
오랜 습관처럼 굳어진 나의 기준이라는 벽을 허무는 일.
철옹성 같던 나의 생각이라는 깃발을 내리는 일.
나의 자(尺)가 아닌, 나의 눈빛이 아닌,
그 어떤 누군가의 시선과 잣대로 세상을 마주하는 일.
차가운 이성(理性)의 껍질을 깨고,
상대의 아픔을 내 살처럼 헤아리는 일.
그리하여 마침내, 긍휼(矜恤)이라는 따뜻한 씨앗을
내 마음 밭에 심어 싹 틔우는 일이다.

그러므로,

나를 내려놓는다는 것은,

결국 나를 잃는 패배가 아닌,

오히려 진정한 '나'를 회복하는

가장 깊은 구원의 길이다.

그 때가 이르면.....

그 시간, 마침내 도래하면.
쏟아냈던 진실의 언어들,
갈피 없이 허공을 메운 그 모든 파편들을
어찌할 수 없이 다시 쓸어 담아야 하리.

한 세월의 무게.
손끝을 스치는 언어의 날카로운 잔해를 만지며,
돌이킬 수 없는 시간의 짐을 삼키리.
그 씁쓸한 깨달음과 함께.

벼랑 끝에서.
모든 것을 탕진하고, 이제 더 물러설 곳 없는
절벽의 모서리에서 비로소.
비움이 가져오는 낯선 평안을 느낄 때.
쓴 미소.
그제야 입가에 스미는 회한(悔恨)의 미소와
안도(安堵)의 숨결을 머금게 되리.
그때가 오면.

옛 시인의 후예들

쉽게 살다 간
시인의 무덤 앞에서
웨-딩-마-치

햇살은 검은 묘비의
음각활자를 따라 허옇게 흐르고
신부가 하늘 높이
던져 올린 하얀 꽃 부케를
받아 얼싸안고 기뻐하는
검은색의 정장을 한
마드모아젤
무덤의 두 반구(半球)에는
무성하게 자란 키 다른 잡초들
벌초하는 일은
신랑의 몫
제단 아래는
물 맑은 옹달샘
신랑과 신부는
한 보시기 씩의
물을 마신다.
환희 그리고 축제

장송곡의 여운 한 가닥도
남아 있지 않다.
애닯게 살다 간
시인의 무덤 앞에서
웨-딩-마-치

고립무원 (孤立無援)

사방(四方)을 둘러보아도.
시선 닿는 곳마다
침묵이 깔린 텅 빈 풍경.
이 외로운 벽(壁),
이 괴로운 심연(深淵),
이 마른 허전함,
이 시린 멍울을 나누어 가질
단 한 줄기의 그림자조차
허락되지 않네.
고독의 절정.
내가 홀로라는 서늘한 인식 아래,
내밀었던 손끝은 미세하게 떨리고,
그 떨림 위로 역설의 미소 한 자락이
가느다랗게 입가에 걸린다.
오직 나만이,
이 모든 감정의 대척점에
홀로 서 있음을 증명하듯.

추야 불면(秋夜 不眠)

산(山) 넘어 고개 고개
강(江) 건너 굽이 굽이
쓴 세월(歲月) 날로 삼켜
트림으로 토(吐)하는 밤
밟아도 꼿꼿이 서는
잡초 마냥 모진 명(命)줄
얼기설기 고뇌사(苦惱絲) 타래
저미는 가슴에 매듭으로 남아
무시로 피는 눈물
눈시울 적시어 흐르는 강(江)
시름에 태워버린
어제 같은 밤 이려 거든
이 밤은 돌다리 건너 듯
훌쩍 밟고 넘었으면
에헤 라 한(恨)짐일 랑 부리세
금시에 사위는 생(生) 인 것을.

고향 생각 (1)

남쪽 바다,한 시간 걸음의 끝에 닿는 평야.
삼면의 산이 품은 고요 위로
철마다 곡식은 익어가고
흙 묻은 숨결이 땅에 스민다.

농로에 울려 퍼지던 아이들의 함성,
저녁이 오면 피어오르는 연기와
된장의 구수한 향기,
쇠죽 끓는 내음까지
저녁 하늘에 스며들었다.

내 어린 날은 아직도 그 자리에 남아,
바람 따라 흩날리는 웃음소리처럼
사라지지 않고오히려 더 선명히 빛난다.

고향 생각 (2)

달콤한 밤공기가 문을 두드린다.
창을 열면 멀리 깜빡이는 불빛 하나,
어린 날 마당의 반딧불처럼.

그 빛은 낙엽의 속삭임이 되고,
엄니 손 호롱불의 따스함이 된다.
감나무 아래 앉아 올려다보던 별빛—
그 기억이 내 작은 방에 번져온다.
오늘의 불빛은 그리움의 거울이 되어,
고요히 내 마음의 호롱불을 밝힌다.

고향 상념(故鄕 想念)

고와라 쪽빛하늘
높낮이 나는 종다리

먼 앞산 운교봉(雲橋峰)엔
넘나드는 뭉개 구름

마흔 가구 옹기 종기
이웃 사촌 일가 친척

해동 양반 한잔 하소
남평 댁 얼쑤 좋다

해질 무렵 동구 밖엔
소잔 등 위 아해들 함성

이리야 어서 가자
어서 야 가자.

사모곡 (思母曲)

옷고름 여미어 매고
금진 손에 호미자루

툇마루 어귀 진 자리
섣달 그믐 비낀 황혼

골 깊이 이마 주름
무심히 흐른 세월

표연히 먼 곳으로
떠나버린 임 생각에

저미는 가슴 안고
눈물 흘려 삼킬 때에

어느 새 곁에 와 앉아
채질하는 한시름

섣달의 단상

화려함도 초라함도
다 감춰진 미명의 광야
잡힐 듯 움켜 쥐면
파르르 떠는 맨 주먹뿐
저만치 아스라이
소멸로 가는 내 작은 꿈아!

에인 고뇌 억만 겹이라도
일도 체온이면 사를 것을
돋우어 다순 불 지 피울
심지 한 가닥 남김 없이
영원히 떨구지 못할
처연한 무정이여!

원망도 갈채도
파문처럼 일어 지고
미련 없이 태워야 할
남루한 허울, 허울
다 한 날 가슴에 담을
한 줌의 정만 남겨 놓고...

시(詩)일 수 있는 삶

빈 원고지가
무더기로 빛 바래 가고 있다.
한 줄쯤 채울 정도의
진실 한 조각도 움켜 쥐지 못한 채
어이! 나의 시간은 왜 이리도
바삐 지나가 버리는 것일까?
부어 잠시도 잔잔할 새 없이
비어져 버리는 술잔 위로
속절없이 흘려 버린
젖가슴 살점 같은 진실의 파편들…
과연 그들의 기억 속에 나의 진실은
몇 줄이나 남아 있을 수 있을까?
나의 생(生)이
한 줄의 시(詩)일 수 있다면,
진실을 아는 이의 가슴에
영원히 남고 싶다.
그 누군가
진실을 아는 이에게
나의 삶의 원고지가
남겨질 수만 있다면,
이제 다시는

나의 원고지가

먼지 자욱이 빛 바랜 채

초췌한 모습이 되도록

무심하지 않겠다.

부끄럼 없이 원고지를 채워 가리.

그리고,

어느 것에도 스러지지 않는

이 진실(眞實)에

용기를 갖아야지…

진실-투명한 칼날

진실은
빛보다도 날카로운 칼날,
겉을 찢어 속살을 드러낸다.
그것은
감출 수 없는 투명,
모든 허상을 녹여내는
보이지 않는 불.
진실은
부드러운 꽃잎이 아니라
끝내 피할 수 없는 무게,
우리를 가두는 동시에
우리의 자유를 보장하는
역설의 문.

(동경의 단상)
진실은 무겁지만,
그 무게가 곧 자유다.

2부

진리를 찾아서

진리를 찾아서

수많은 길 위에 서서
나는 방황했다.
별빛을 좇아도,
철학의 바다를 헤매도
진리는 손에 잡히지 않았다.
그러나,
십자가의 그림자 아래에서
나는 깨달았다.
진리는 책 속의 문장이 아니라,
한 분, 예수님의 얼굴이었다.
진리는
시간의 흐름에 묻히지 않는
영원의 심장.
그 심장은
나를 위해 찢기고 흘린 사랑으로 뛰며,
죽음조차 삼켜 버린 부활의 빛으로 드러난다.

진리는
침묵이 아니라 인격,
사상이나 철학이 아니라
살아 계신 분의 이름—예수.

(동경의 단상)
진리는 말이 아니라,
예수 그리스도의 이름이다.

생명을 찾아서

푸른 풀도 시들고,
사람의 숨도 바람처럼 사라진다.
나는 오래도록
영원히 마르지 않는 샘을 찾았다.
그러나 세상 어디에도
그 샘은 없었다.
십자가에서 흘러내린 피와 물,
그 강가에서야 알았다.
생명은 숨이 아니라,
예수 그리스도 그분 자신임을.
생명은
시간 속의 맥박이 아니라,
영원의 심장에서 흘러나온 불꽃.
그 불꽃은
죽음의 밤을 삼키고,
부활의 새벽으로 피어난다.

예수는

생명을 주신 분이 아니라,

생명 그 자체이시다.

그분 안에서

죽음은 너 이상 마지막 말이 되지 못한다.

(동경의 단상)

생명은 존재가 아니라,

예수 그리스도의 심장이다.

길을 찾아서

많은 길이 갈라지고
사람들은 제각기 다른 길을 걷는다.
부귀의 길,
지혜의 길,
쾌락의 길…
그러나 그 끝에는
허무의 바람만이 불어온다.
십자가 앞에 멈춰 섰을 때,
나는 알았다.
모든 길은 막혀 있어도
예수님 안에서만
하늘로 향한 길이 열려 있음을.
길은
돌과 흙으로 된 도로가 아니라,
존재 자체가 열어 놓은 방향.
예수는
길을 보여주신 분이 아니라,
스스로 길이 되어
우리를 품고 아버지께로 데려가신다.

그 길은 좁지만
영원으로 이어지고,
눈물로 젖어 있으나
생명의 빛으로 물든 길.

(동경의 단상)
길은 방향이 아니라,
예수 그리스도의 몸이다.

그리스도-십자가의 심연

그리스도는
역사의 한 인물이 아니라,
시간을 가르는 심연.
그분의 피는
죽음을 삼키는 강이 되고,
그분의 부활은
영원을 열어젖히는 문이 된다.
그리스도는
고통의 중심에서 드러난
하나님의 사랑,
그리고 인간이 결코 스스로
닿을 수 없는 하늘의 다리.

(동경의 단상)

그리스도는 사랑이 십자가로 드러난 이름이다.

아가페-끝없는 원의 심장

아가페는
시작도 끝도 없는 원,
그 중심에 하나님의 심장이 뛰고 있다.
그 사랑은
자격을 묻지 않고,
가치의 무게를 재지 않으며,
존재 자체를 끌어안는다.
아가페는
불가능한 인간의 언어가
하늘의 언어로 번역된 순간,
죽음조차 꺾어버린
사랑의 절대성.

(동경의 단상)
아가페는 하나님이 세상에 새겨 넣은
사랑의 절대 명사다.

코이노니아-영혼의 연합

코이노니아는
단순한 만남이 아니라,
영혼이 영혼을 껴안는 사건.
그곳에는
나와 너의 경계가 희미해지고,
그리스도의 사랑이 흐르는 강줄기 안에서
모든 존재가 한 몸으로 숨 쉰다.
코이노니아는
인간의 교제가 아니라,
성령의 숨결이 빚어낸
거룩한 연합.

(동경의 단상)

코이노니아는 사랑이 성령 안에서
하나로 엮인 이름이다.

공의-빛의 저울

공의는
시간을 뚫고 흐르는 빛,
어둠이 아무리 짙어도
그 앞에서 스스로 무너진다.
그 빛은
사람의 편을 들지 않고,
진리의 무게만을 붙든다.
하나님의 공의는
칼이 아니라 빛,
파괴가 아니라 회복.
그 앞에서 모든 거짓은
자취 없이 사라진디.

(동경의 단상)

하나님의 공의는 사랑이 빛으로 드러난 질서다.

눈물의 기도 1

주여
우리가 흐르는 눈물의 의미가
슬픔만이 아님을 알게 하소서
모두에 당연한 것들이
행여 우리에게 그러하지 못한다 하여
슬퍼하지 않게 하소서
그렇다고
그 비인 공간을
아무것으로 채우려 하는
바보가 되지 않게 하소서
오로지
진정한 보혜사 이신
주님께서 온전히
우리를 채우소서
때때로
우리에게 외로움을 느끼도록 허락하므로
우리가 더 주님을 사모하는 마음을
갖게 하시려는 주님의 뜻을
온전히 깨닫게 하소서

주님으로 인해
영원히 외롭지 않기를
바라시는 그 뜻을 우리가 알게 하심을
감사합니다.

눈물의 기도 2

밤의 고요 속,
흘러내린 눈물 한 방울은
말 없는 기도가 되어
하늘 깊은 곳을 두드린다.
누군가의 상처를 감싸려 흘린 눈물,
자신의 허물을 씻으려 흐른 눈물,
그 모든 물결은 결국
사랑의 강으로 합쳐져
주 앞에 바다처럼 번져간다.
기도는 소리로만 드려지는 게 아니요,
눈물의 떨림 속에서도
가장 순결한 고백이 된다.
내 영혼의 가장 깊은 자리에서
말로 다 하지 못한 사무침이 터져 나와
투명한 물줄기로 흘러내릴 때,
그것은 이미
하늘에 닿은 찬송이 된다.

–말하지 못한 고백이 눈물로 흘러내릴 때,
그 한 방울은 이미 하늘에 닿은 기도가 된다.–

성화-불과 빛의 연단

성화는
단숨에 이뤄지는 기적이 아니라,
불 속에서 단련되는 금.
그 불은 심판이 아니라 정화,
나를 태우는 것이 아니라
나를 빚어내는 불꽃.
성화는
빛이 빛을 닮아가는 과정,
흙이 빛을 품어
다시 하늘의 형상을 드러내는
조용한 창조의 연속.

(동경의 단상)
성화는 은혜가 빚어내는
삶의 두 번째 창조다.

거듭남-영혼의 모태

거듭남은
시간의 반복이 아니라,
존재의 본질이 새롭게 빚어지는 사건.
흙에서 흙으로 돌아가는 육신이 아니라,
하늘의 숨결로 빚어진
새로운 창조.
그것은
죽음을 지나
다시 열리는 문,
하나님 나라의 첫 울음소리.

(동경의 단상)
거듭남은 과거를 고치는 것이 아니라,
새 생명을 받는 기적이다.

회개–눈물의 문

회개는
스스로 무너져 내리는 문,
그러나 그 문이 열릴 때
빛은 더욱 찬란하게 쏟아진다.
회개는
나의 죄를 붙잡는 것이 아니라
죄를 놓아버리는 용기,
그 빈자리 위에
하나님의 은혜가 흘러드는 통로.

(동경의 단상)

회개는 눈물이 열어젖힌 은혜의 문이다.

용서 1–사라지는 빛의 그림자

용서는
사라지지 않는 상처를
빛 속에 맡기는 일.
그 빛이 스며들 때
잘못의 흔적은 남아도
그것이 더 이상
나를 옭아매는 쇠사슬이 되지 않는다.
용서는
빚을 계산하는 저울을 버리고
다시 사람을 끌어안는
하나님의 방정식.

(동경의 단상)

용서는 상처 위에 놓인 다리다.

용서 2-불의 물결

용서는
타오르는 불길 속에서
다시 피어나는 맑은 샘물.
그것은
칼날 위에서 자라나는 새싹,
부정의 무게를 녹여내는
투명한 불꽃이다.
용서는 망각이 아니다.
그것은 기억을 품은 채
다른 결로 빛나게 만드는
시간의 연금술.

(동경의 단상)
용서란 상처를 지우는 게 아니라,
그 상처 위에 빛을 심는 일이다.

긍휼-상처를 품는 빛

긍휼은
정죄의 칼을 내려놓고
눈물을 껴안는 빛.
그 빛은
한 사람의 고통을
온 세상의 고통처럼 느끼게 하고,
한 영혼의 상처를
하늘의 품으로 옮긴다.
긍휼은
심판을 멈춘 자리에 서서
용서를 심는
하나님의 마음의 언어.

(동경의 단상)

긍휼은 눈물이 사랑으로 번역되는 순간이다.

교회–살아있는 성전

교회는
돌과 벽돌로 지은 탑이 아니다.
그것은
성령의 숨결이 깃든
살아 있는 몸,
서로 다른 지체가 모여
하나의 몸이 되고,
서로의 상처를 이어붙여
그리스도의 형상을 드러내는
신비한 공동체.
교회는
땅 위의 건축물이 아니라
하늘과 땅을 잇는 살아 있는 다리.

(동경의 단상)
교회는 벽이 아니라,
사람들의 심장으로 세워진 성전이다.

성령-불, 바람, 물

성령은
불이 되어 내 안의 찌꺼기를 태우고,
바람이 되어 갇힌 영혼을 풀어내며,
물처럼 흘러
마른 심장을 적신다.
그분은
형체 없는 형체,
시간과 공간을 넘어
하나님의 뜻을 인간 안에 새기는
영혼의 서기관.
성령은
말할 수 없는 침묵 속에서도
하나님의 언어로 기도하시는 분.

(동경의 단상)

성령은 하나님의 숨결이 내 안에 거하는 기적이다.

기도-영혼의 대화

기도는
말의 형식이 아니라,
존재의 깊은 심연에서 흘러나오는 진동.
그것은
하늘과 땅 사이에 놓인 투명한 다리,
보이지 않는 손길이 오가며
심장을 열어젖히는 시간.
기도는
허공으로 흩어지는 소리가 아니라,
하나님의 귀에 닿는
영혼의 언어.
그 언어는
때로 침묵으로 말하고,
때로 울음으로 고백한다.

(동경의 단상)

기도는 영혼이 하나님께 쉬는 숨결이다.

말씀-살아 있는 칼, 살아 있는 씨

말씀은
종이에 묶인 기록이 아니라,
심장을 가르는 살아 있는 칼.
그 칼은 상처를 주기 위함이 아니라
죽은 살을 도려내고
새 생명을 돋게 하는 도구.
말씀은 또한
시간 속에 던져진 작은 씨,
그러나 그 씨는
영혼을 자라 올리는 나무가 된다.

(동경의 단상)

말씀은 읽는 글이 아니라,
살아있는 빛이고 생명이다.

예배-존재의 향기

예배는
말의 울림이 아니라,
존재 전체가 하나님 앞에 서는 순간.
그것은
흙으로 빚어진 인간이
영원을 향해 고개를 드는 행위,
시간의 제물이 되어
하나님께 올려지는 향기.
예배는
형식이 아니라 관계,
행동이 아니라 본질.
인간이 하나님 안에서
자신의 근원을 다시 찾는 엄숙.

(동경의 단상)

예배는 하나님께 드리는 말이 아니라,
하나님 앞에 서 있는 나 자신이다.

찬양-영혼의 울림

찬양은
인간의 목소리로 시작되지만
결국 하나님의 숨결로 완성되는 노래.
그것은
시간에 갇힌 언어가
영원의 무대에서 울려 퍼지는 순간,
흙의 소리가 빛으로 변하는 기적.
찬양은
사람의 입술이 아니라
하나님의 영광이 스스로를 노래하는 통로.

(동경의 단상)

찬양은 영혼이 하나님께 반사하는 빛이다.

감사–빛을 인식하는 마음

감사는
소유가 아니라 인식,
하나님의 빛이 스쳐 간 흔적을
포착하는 영혼의 감각.
결핍 속에서도 감사할 수 있는 이유는,
그 결핍조차
나를 빚어내는 또 다른 은혜이기 때문이다.
감사는
과거의 상처를 회상으로 바꾸고,
현재의 무게를 가볍게 하며,
미래의 불안을 소망으로 번역한다.

(동경의 단상)

감사는 은혜를 알아보는 눈이다.

에벤에셀-기억의 돌, 약속의 돌

에벤에셀은
흙 위에 세워진 돌이 아니다.
그것은
시간 위에 세워진 증언,
패배와 절망을 뚫고 솟아오른
하나님의 흔적.
돌은 말하지 않으나,
그 위에 새겨진 고백은
세대를 넘어 메아리친다.
"여기까지"—
그 말 속에는
이미 지나온 은혜와
앞으로의 소망이 함께 숨 쉬고 있다.

(동경의 단상)
에벤에셀—
은혜의 기억이 내일의 소망이 된다.

생명-존재의 불꽃

생명은
흙 속에서 깜박이는 불씨,
어둠조차 삼키지 못하는
존재의 작은 빛.
그것은
죽음과의 경계선 위에서
끊임없이 춤추는 불꽃,
꺼질 듯 흔들리면서도
끝내 꺼지지 않는 심장.
생명은 단순한 맥박이 아니다.
우리가 살아 있다는 것은
우주가 우리 안에서
한순간 불타오르고 있음을
증명하는 신비다.

(동경의 단상)
생명은 숨이 아니라,
존재의 기적이다.

선과 악-양극의 심연

선은
존재의 근원을 향해 솟아오르는 불꽃,
악은
그 불꽃이 타고 남긴 검은 재.
그러나 불꽃과 재는
결코 서로를 떠나지 못한다.
선은 악의 부재가 아니며,
악은 선의 왜곡된 그림자.
인간은
그 둘 사이를 끝없이 오가며,
빛을 향해 나아가면서도
늘 그림자에 발목을 잡힌다.

(동경의 단상)

선은 빛의 얼굴이고,
악은 그 빛이 남긴 그림자다.

사랑-불꽃과 강물

사랑은
타오르는 불꽃,
그러나 동시에 식히는 강물.
그것은
소멸을 두려워하지 않는 불,
흐르며 모든 상처를 감싸는 물.
사랑은
나를 잃음으로써 나를 찾는 역설,
타자 속에서만 완성되는
존재의 미완성 교향곡.

(동경의 단상)

사랑은 나를 잃어 너를 얻는 기적이다.

화평-고요의 심장

화평은
침묵 속에 숨어 있는 심장,
세상의 소음이 삼킬 수 없는
내적 고동.
그것은
칼끝에 선 영혼을 감싸는
투명한 막,
피 흘리는 전쟁터에서도
흘러나오는 눈부신 강물.
화평은
갈등의 부재가 아니라,
갈등을 품은 자리에 세워지는
빛의 제단.
어둠이 몰려와도
그 고요는 무너지지 않고,
하나님의 숨결처럼
영혼을 붙든다.

(동경의 단상)

화평은 소란 속에서도 들리는
하나님의 고요한 음성이다.

희락-빛의 심장

희락은
어둠의 심장 깊은 곳에서
스스로 뛰는 빛.
그것은
환경의 무게에 깔리지 않고
내 영혼의 밑바닥에서 솟구치는
투명한 불꽃.
희락은
시간과 공간을 넘어선
하나님의 숨결,
고통이 삼키지 못하는
내적 광휘.
슬픔이 칼날로 베어도
그 칼끝에서 반짝이는 불빛,
절망조차 꺼뜨리지 못하는
영원의 노래.

(동경의 단상)

희락은 세상이 줄 수 없는 기쁨,
하나님이 영혼에 심어주신 빛이다.

오래참음-시간의 제단

오래참음은
멈춰 선 시간이 아니라,
시간 위에 드려지는 제사.
그 제단 위에서
희망은 불에 타지 않고
오히려 더욱 맑아진다.
오래참음은
무력한 기다림이 아니라,
하나님께 나의 시계를 내어드리는 일.
그것은
지연의 아픔 속에서도
성숙을 빚어내는
영혼의 공방.

(동경의 단상)

오래참음은 시간을 믿음으로 번역하는 힘이다.

자비-연약함을 품은 강함

자비는
강함이 스스로를 낮추어
연약함을 감싸는 힘.
칼날을 들 수 있는 손이
대신 눈물을 닦아주는 순간,
그 손은 더 이상 인간의 것이 아니며
하늘의 손길이 된다.
자비는
공의와 대립하지 않는다.
오히려 공의를 품어
더 깊은 빛으로 번져가는
사랑의 또 다른 얼굴.

(동경의 단상)

자비는 힘이 눈물 앞에 무릎 꿇는 순간이다.

양선–투명한 불꽃

양선은
스스로 타오르되
자신을 드러내지 않는 불꽃.
그 불은
세상의 추위 속에서도 꺼지지 않고,
어둠 속에서도 타인의 얼굴을 비춘다.
양선은
인간의 도덕이 아니라,
하나님의 성품이 인간 안에 스며든 흔적.
그 흔적은
선을 흉내내는 위선과 달리,
보이지 않는 사리에서
조용히 열매 맺는다.

(동경의 단상)

양선은 삶 속에 스며든 하나님의 얼굴이다.

충성-지속의 불꽃

충성은
한순간의 번개가 아니라
꺼지지 않고 타오르는 등불.
그것은
세상의 박수에 흔들리지 않고,
홀로 서 있어도
하나님의 눈을 바라보는 고요한 힘.
충성은
시간의 무게를 견디며
작은 씨앗을 끝내 열매로 바꾸는
끈질긴 은총의 불꽃이다.

(동경의 단상)

충성은 끝까지 사랑하는 힘이다.

온유-강한 부드러움

온유는
힘을 잃은 약함이 아니라,
힘을 다스린 강함.
칼을 쥘 수 있는 손이
대신 꽃잎을 어루만지는 순간,
그 부드러움은
세상의 폭풍보다 더 큰 힘을 가진다.
온유는
침묵으로 울음을 안아내고,
부드러운 시선 하나로
차가운 마음을 녹여내는
하나님의 방식.

(동경의 단상)

온유는 사랑이 힘을 품은 얼굴이다.

절제-내면의 경계

절제는
보이지 않는 성벽,
내 안의 혼돈을 다스리는 울타리.
그 울타리 안에서
욕망은 불타다 꺼지고,
욕망이 꺼진 자리에서
빛이 자란다.
절제는
결핍의 언어가 아니라,
충만의 언어.
스스로를 비워낼 때만
하늘이 채우실 자리가 열린다.

(동경의 단상)
절제는 욕망을 비워
하나님의 충만을 맞이하는 문이다.

사명-불꽃의 언약

사명은
심장 속에 새겨진 불씨,
세월이 흘러도 꺼지지 않는
내적 불길.
그것은
시간과 공간을 넘어
나를 보내시는 손길이자,
내 삶을 통해 기록되는
하나님의 편지.
사명은
개인의 욕망을 지우는 것이 아니라,
그 욕망을 정화하여
영원을 향한 도구로 바꾸는
하늘의 연금술.

(동경의 단상)

사명은 내가 사는 이유가 아니라,
내가 보내진 이유다.

소명-시간을 가르는 울림

소명은
내 안에서 일어나는 작은 떨림이 아니라,
영혼을 관통하는 메아리.
그 부름 앞에서
나는 더 이상 우연이 아니며,
존재의 무게는 방향을 얻는다.
소명은
허공 속의 목소리가 아니라,
내 삶의 심장을 꿰뚫어
역사의 강에 던져지는
한 개의 돌.
그 파문은
끝내 내 한계를 넘어
세상과 맞닿는다.

(동경의 단상)
소명은 내 뜻이 아니라,
내 이름을 부르신 분의 뜻이다.

헌신-불타는 제단

헌신은
자신을 태워 빛을 내는
촛불의 길.
그것은
꺼짐이 아니라
다른 이를 밝히는 번역,
시간과 몸을 태우며
사랑을 언어로 바꾸는
보이지 않는 제사.
헌신은
스스로의 무게를 내려놓아
다른 생명을 세우는
하나님의 불길.

(동경의 단상)
헌신은 나를 태워
타인의 길을 밝히는 불꽃이다.

순종—빛 앞의 고요

순종은
폭풍 속에서 들려오는
보이지 않는 음악에 귀 기울이는 일.
그것은
자기 의지를 꺾는 굴욕이 아니라,
더 큰 자유를 얻는 역설,
나의 작은 불꽃을
꺼뜨리는 것이 아니라
영원의 불꽃 속에
합치는 행위.
순종은
나를 잃는 것이 아니라,
하나님의 뜻 속에서
나를 다시 발견하는 비밀.

(동경의 단상)
순종은 하나님 안에서
나를 다시 찾는 길이다.

회복-부서진 것들의 찬송

회복은
금 간 항아리에 스며든
빛의 금실.
부서진 파편이 모여
새로운 형태의 그릇이 되는 순간,
상처는 흉터가 아니라
찬송의 문장이 된다.
회복은
죽음의 끝자락에서
되살아나는 숨결,
시간이 다시 노래하기 시작하는
하나님의 기적.

(동경의 단상)

회복은 부서진 자리에서 피어나는 빛이다.

위로-침묵의 언어

위로는
소리 없는 언어,
무너진 영혼 위에 놓이는
보이지 않는 담요.
그것은
울음의 바닥에서
다시 들려오는
조용한 심장의 박동.
위로는
절망의 잿더미 속에서
새로운 불씨를 지켜내는 바람,
무너진 시간을 이어 붙이는
하나님의 손길.

(동경의 단상)

위로는 상처 곁에 머무는 사랑이다.

부활-죽음을 뚫은 빛

부활은
시간의 단절 위에 놓인
하나님의 다리.
그것은
죽음이 삼킨 공간에서
되살아난 불꽃,
모든 절망의 뿌리를 꺾고
새 창조의 심장을 뛰게 하는
영혼의 반전.
부활은
죽음을 패배로 만들지 않고,
죽음마저 삶의 증거로 삼는
신적 아이러니.

(동경의 단상)
부활은 죽음 위에 피어난
하나님의 빛이다.

영생–시간을 넘어선 불꽃

영생은
종이 태워 사라지는 순간에도
꺼지지 않고 남는 불꽃.
그것은
시계의 바늘이 멈춘 후에도
계속 뛰는 심장,
죽음의 검은 강을 건너
빛으로 이어지는 다리.
영생은
무한한 연속이 아니라,
하나님의 품 안에서
끝과 시작이 하나로 녹아드는
영원의 호흡.

(동경의 단상)

영생은 끝없는 시간이 아니라,
끝없는 하나님과의 함께함이다.

구원-부활의 문

구원은
닫혀 있던 무덤의 문이 열리며
돌처럼 굳은 심장이 다시 뛰는 기적.
그것은
심판의 불길 속에서 피어난
연약한 꽃,
끝내 꺼지지 않는
영원의 불씨.
구원은
무너진 시간 위로 놓인 다리,
죄와 죽음을 삼키고
새 하늘을 열어젖히는
하나님의 숨결.

(동경의 단상)
구원은 어둠을 뚫고 열린
하나님의 빛이다.

대속-피로 쓴 계약

대속은
피로 적힌 영원한 계약,
의로운 이가 불의한 이를 대신해
무너진 저울을 다시 세우는 행위.
그것은
죽음의 값을 생명으로 바꾸는
신비한 교환,
쇠사슬을 풀어내는
보이지 않는 열쇠.
대속은
심판의 칼끝에서 태어난
자비의 강물,
하나님이 흘리신 눈물이
인류의 새 날을 열어젖힌 순간.

(동경의 단상)

대속은 피로 갚은 자유다.

은혜-무게 없는 강물

은혜는
내 공로의 무게가 아닌,
하나님 마음의 무게가 흘려보낸 강물.
그 물줄기는
죄의 돌덩이조차 부드럽게 씻어내고,
쓰러진 자를 일으켜
다시 걷게 한다.
은혜는
불가능을 가능으로 바꾸는 역설,
자격 없는 자에게
하늘의 자격을 덧입히는
신비한 교환.

(동경의 단상)

은혜는 받을 수밖에 없는 사랑,
그리고 감당하며 흘려보내야 할 빛이다.

자유의지-빛 앞의 그림자

자유의지는
빛이 비출 때만 생기는 그림자,
하나님이 허락하신
우리 존재의 가장 깊은 떨림.
그것은
억지로 붙잡히지 않는
투명한 바람이자,
스스로의 발로 걸어 들어가야 하는
의의 정원.
자유의지는
타락을 허용함으로써
사랑이 진짜임을 증명하는
신의 고통스러운 결정,
빛을 선택하도록
어둠을 열어 둔 문.

(동경의 단상)

자유의지는 사랑이 강제로 되지 않도록
하나님이 주신 눈물 섞인 선물이다.

인간-흙과 별 사이

인간은
흙의 먼지이자
별빛의 파편.
무한한 시간 속에서
잠시 불타오르는
짧은 불꽃.
인간은
자신의 그림자를 넘어
의미를 갈망하는 동물,
죽음을 안고서만
삶을 증명하는 모순의 형상.

(동경의 단상)
인간은 흙에서 왔으나,
늘 별을 향해 서 있는 존재다..

평화—고요의 심장

평화는
전쟁이 사라진 빈 공간이 아니라,
적대의 뿌리 위에 자라난
투명한 꽃.
그것은
상처의 흉터가
빛으로 변해가는 과정,
흐르는 피 위에
새로운 강을 놓는 다리.
평화는 정적이 아니라,
끊임없이 지켜내야 하는
가장 섬세한 음악—
침묵 속에서 울리는
심장의 합창.

(동경의 단상)

평화는 지켜내는 용기의 또 다른 이름이다.

믿음-투명한 다리

믿음은
아직 놓이지 않은 다리 위를
먼저 건너는 발걸음.
그것은
부재 속에서 존재를 붙드는
투명한 힘,
눈에 보이지 않아도
심장을 단단히 붙드는 중력.
믿음은
미래가 현재를 점령하는 순간,
아직 오지 않은 것을
이미 살아내는 행위.

(동경의 단상)
믿음은 보이지 않는 것을
이미 살아내는 힘이다.

단절-끊어진 선율

단절은
한 곡의 음악이
중간에서 끊겨 버린 듯한 공허.
멈춘 음표의 여운 속에서
귀는 더 깊은 침묵을 듣는다.
단절은 단순한 부재가 아니다.
그것은
보이지 않는 결핍의 형상,
서로를 잃어버림으로써
자신의 윤곽을 드러내는
어둠의 잉태.

(동경의 단상)
단절은 상실이자,
다른 탄생의 문턱이다.

간구

허락하소서.
누군가의 삶의 틈에 스미는 작은 요긴함으로
존재함에 감사하는 고요한 기쁨을.

허락하지 마소서.
단 한 사람의 충분한 우주가 되려는
덧없는 갈망, 그 오만한 욕심을.

뼈저리게 새기게 하소서.
이 필멸(必滅)의 애씀으로는
결코 누군가의 영원한 채움일 수 없음을.

기억하게 하소서.
이 모든 존재의 목마름을 넉넉히 적시고,
충만의 경지에 이르게 하는 이는
오로지 단 하나의 빛, 주님뿐임을.

사명따라 사는 삶

모든 사람은 자신의 의지나 선택이 배제된 채 태어난다.
성인이 되어서도 자기의 태생적 조건을 변경할 수는 없다.

그럼에도 모든 사람은 이세상에 태어나서
각자의 사명을 감당하게 된다.

사명은 내가 아닌 타자에 의해서 주어지는 것이다.

자기의 사명이 무엇인지 깨닫는 것은 매우 중요하고 복된 일이지만,
그 사명을 정확히 안다는 것은 결코 쉽지 않다.

무엇보다도, 자신이 사명을 가진 존재라는 사실을
먼저, 인식해야 한다.

그럴 때라야 삶을 함부로 포기하거나 자기 뜻대로만 살아가지 않는다.
또한 사명을 붙잡고, 버티고, 견뎌내며, 삶의 가치를 느끼며
살아갈 의지를 더 강하게 갖게 되기 때문이다.

물론 사명을 감당하기 위해서는 먼저 자기 자신을 온전히 사랑하고
소중하게 생각하는 자존감이 있어야 한다.

"사명이 있어 감사합니다"
이렇게 늘 되뇌일때 우리의 삶은 감격이 된다.

다행스럽고도 감사한것은, 사명을 인식하고 감당하는 사람에게는 그 사명을 부여한 자가 함께 하며 돕는다는 사실이다.

3부

더불어 사는 세상

더불어 사는 세상

세상은 홀로 선 나무로 완성되지 않는다.
숲은 수많은 나무가 서로의 그림자를 받아들이며,
햇살을 나누어 마침내 푸르름을 이룬다.
인간 또한 그러하다.
나의 고독이 너의 따뜻함에 기대고,
너의 상처가 나의 손길에 안길 때,
비로소 우리는 온전한 존재가 된다.
더불어 산다는 것은
서로의 결핍을 메우는 은밀한 철학,
고통마저 나누어 한 조각의 빛으로 바꾸는
보이지 않는 합창이다.
홀로는 짧은 불꽃일 뿐이지만
함께일 때, 불은 꺼지지 않는 등불이 된다.
세상은 그 빛으로
조금 더 아름다워진다.

(동경의 단상)

세상은 함께일때 비로소 세상이다.

다른 풍경의 노래

어둠 속 별과 낮의 태양이 다르듯
고요한 숲과 도시의 소음이 다르듯
우리는 서로 다른 세상의 조각들
낯선 언어와 다른 풍경을 품고서
때론 그 다름이 낯설어 상처가 되고
오해가 깊어질 때면 실망도 하지만
돌아보면 모두 자연의 섭리인 것을
각자의 색으로 빛나는 세상인 것을
하나의 씨앗이 수많은 꽃으로 피어나듯
하나의 물줄기가 강이 되어 흐르듯
우리는 다르지만 같은 길을 걷고 있어
서로의 눈을 바라보며 마음을 나누며
공감이라는 다리가 놓일 때
마음과 마음이 맞닿을 때
그것이 곧 사랑인 것을
모든 허물과 상처를 감싸는
우리 서로 다름을 존중하고
그 다름 속에서 아름다움을 찾자
우리가 하나 될 수 있는 유일한 길
그것은 사랑과 공감의 노래인 것을

평화의 노래

차가운 바람이 불어와,
텅 빈 거리 위로 붉은 눈물 흘러내려,
마른 땅을 적시네
무엇을 위한 권력인가, 누구를 위한 승리인가
끝없이 이어지는 어둠 속,
길을 잃어버린 사람들
우린 평화를 원해, 사랑을 원해
나의 이웃이, 너의 손길이 필요해
무너진 벽을 넘어, 이젠 함께 서야 해
두려움 없는 세상, 노래하는 우리들의 세상
서로를 향한 증오, 덧없는 욕심의 그림자
숨 막히는 공기 속에, 잊혀지는 이름들
짐승처럼 싸우는 바보들, 무엇을 얻으려 하는가
모두의 상처는 깊어가고, 희망은 저 멀리 사라지네
우린 평화를 원해, 사랑을 원해
나의 이웃이, 너의 손길이 필요해
무너진 벽을 넘어,
이젠 함께 서야 해
두려움 없는 세상,
노래하는 우리들의 세상

함께 하는 세상

세상은
하나의 몸,
우리 각자는 서로 다른 지체.
눈이 손을 멸시할 수 없고,
발이 머리를 버릴 수 없다.
더불어 산다는 것은
나와 너의 차이가 모여
완전함을 이루는 신비,
파편이 하나의 그릇이 되는 기적.
그때 비로소
세상은 적대의 전장이 아니라
사랑의 합창이 된다.

(동경의 단상)
더불어 삶은,
나의 부족이 우리로 채워지는 기적이다.

심포니

바이올린, 플루트, 첼로, 작은 북소리,
서로 다른 음색이 모여
하나의 노래가 된다.

소리는 곧 삶이다.
불협조차 껴안으며
마침내 화음을 이루는
우주의 큰 숨결.

더불어 산다는 것은
각자의 개성을 억누르지 않고
서로의 차이를 인정하며
조율하는 지혜다.

(동경의 단상)
차이의 합이 곧 조화다.

마을 저녁밥 연기

저녁이면
집집마다 피어오르는 연기,
된장국 냄새, 구수한 밥 냄새가
하늘로 모여 마을을 덮는다.

하나의 삶은 작은 불꽃이지만
함께 타오를 때
연기는 길이 되고,
향기는 세상의 기억이 된다.

더불어 사는 세상은
각자의 밥상이 모여
공동의 풍경을 이루는 일이다.

(동경의 단상)
"연기는 다르되, 하늘은 하나다."

숲과 나무

바람 불면
홀로 선 나무는 쉽게 흔들리지만,
숲은 함께 서서
폭풍을 견딘다.

존재의 고독은 뿌리의 외로움 같으나
옆의 나무와 맞닿을 때
흙은 더 단단해지고
하늘은 더 푸르러진다.

더불어 산다는 것은
서로의 그림자를 받아들이며
광합성을 나누는 일이다.

(동경의 단상)
"숲은 나무들의 연대가 만든 영원이다."

이웃-경계 너머의 나

이웃은
울타리 저편에 있는 타인이 아니라,
내 삶의 경계를 완성시키는 또 하나의 나.
그의 웃음은 나의 기쁨이 되고,
그의 눈물은 나의 기도가 된다.
이웃은
우연히 곁에 있는 존재가 아니라,
하나님이 나에게 맡기신
사랑의 과제.

(동경의 단상)

이웃은 하나님이 내 곁에 두신 사랑의 거울이다.

공존-다름의 교향곡

공존은
모순이 아니라 화음,
서로 다른 음계가 만나
하나의 교향곡이 되는 신비.
나와 너, 우리와 그들,
경계는 존재하지만
그 경계 위에 다리를 놓을 때
다름은 적대가 아니라
풍요의 근원이 된다.
공존은
모두를 하나로 묶는 힘이 아니라,
차이를 존중하면서
함께 살아가는 지혜다.

(동경의 단상)
공존은 다름이 빚어낸 조화다.

우리라는 이름

공동의 선은
개인의 욕망을 지우는 그림자가 아니라,
서로의 빛을 합쳐
더 큰 광명을 이루는 거울.
"나"라는 울타리를 넘어
"우리"라는 이름으로 살아갈 때,
삶은 더 이상 파편이 아니라
하나의 거대한 노래가 된다.
더불어 사는 것은
희생이 아니라 충만,
나눔이 아니라 곱셈.
그 속에서
인간은 진정으로 사람다워진다.

(동경의 단상)
함께의 선은 나를 줄이는 것이 아니라,
모두를 살리는 길이다.

정의–균형의 불꽃

정의는
혼돈 속에서 솟아오르는 불꽃,
힘의 편에 서지 않고
진리의 무게를 붙드는 저울.
그것은
시간이 흘러도 썩지 않는
투명한 불.
정의는
단순한 형벌이 아니라,
악을 드러내고 선을 세우는
빛의 언어.
그 빛은
한순간 눈부시다 사라지지 않고,
끊임없이 인간 사회를 흔드는
불편한 양심의 메아리다.

(동경의 단상)
정의는 힘의 목소리가 아니라,
진실의 무게다.

연대-나에서 너로

연대는
보이지 않는 뿌리의 결합,
흙 속에서 서로의 숨결을 나누는 나무들.
또는
보이지 않는 실의 긴장,
멀리 떨어져 있어도
같은 진동으로 울리는 거대한 거문고.
홀로 선 존재는
허공에 흩어지지만,
서로의 숨이 닿는 순간
우리는 하나의 생명으로 이어진다.

(동경의 단상)

연대는 내가 '너'로 이어지는 다리다.

군중 속의 섬

네온빛 바다는 넘실대고,
사람들의 파도는 부서지지만
나는 그 속에서 닿지 않는 모래톱.
소음의 홍수 속에서
내 귀는 더 깊은 침묵으로 잠기고,
낯선 얼굴들의 바람이 스쳐갈수록
내 존재는 더 투명하게 흩어진다.
군중 속 고독은
사라짐이 아니라,
끝내 인정받지 못하는 존재의 울림—
빛 속에서 드러나지 않는
어두운 별의 진동.

(동경의 단상)
군중 속 고독은
보이지 않는 투명한 벽이다.

관계의 중력

우리는 모두
각자의 궤도로 떠도는 별.
그러나
어느 순간, 보이지 않는 힘이
두 존재를 끌어당기고,
만남은 중력처럼 불가피해진다.
관계는
빛과 그림자의 교차 속에서
끊임없이 서로의 궤도를 수정하는 일,
완벽하지 않은 충돌이
새로운 우주를 만든다.

(동경의 단상)
만남은 우연이 아니다.
그것은 서로의 궤도를 바꾸는 사건이며,
관계는 그 궤도를 함께 견디는 일이다.

이기(利己)와 이타(利他)의 그림자

이기(利己)와 이타(利他)는
언제나 날 선 대립만은 아니다.
어떤 순간에는
남을 위하기 위해
자신을 끝까지 지켜야 하고,
또 어떤 순간에는
자신만을 붙드는 손길이
타인의 눈길 속에서
오히려 남을 위한 등불로 바뀌기도 한다.
누군가 그것을 알아차린 후로는
더 이상 그에게
쓸데없는 기대나 에너지를
흘려보내지 않기 때문이다.
결국 우리는 모두—
이타를 품은 이기주의자이거나,
이기를 숨긴 이타주의자로,
빛과 그림자가 겹쳐진
한 사람의 초상에 불과한지도 모른다.

사라지지 않는 푸른 불꽃에게

어둠 속 푸른 별,
전쟁의 메아리는 왜 멈추지 않는가.
승자의 노래만 정의라 불린다면,
잔해 속 아이의 눈물은무슨 언어로 닦일 수 있는가.

저울추 기울어진 세상,
행복은 나눔 속에 피어난다 했으나
메마른 욕망은 바다를 삼키고,
탐욕은 선택의 자유를 가장한 굴레가 된다.

하나의 별 아래 모여 살면서도
손은 잡히지 않고 주먹만 움켜쥐니
평화는 왜 이리 먼 꿈인가.

빛나는 화면 속 욕망은 증폭되고
영혼은 껍데기처럼 허물어진다.
그러나 고요한 밤, 별빛은 속삭인다.

사라지지 않는 푸른 불꽃,
희망은 아직 꺼지지 않았다.
사랑과 공존의 숲을 이루는 날,
새벽은 다시 올 것이다.

낡은 지도의 여백

홀로 선 그림자들이 딛고 선 땅,
바람이 스치는 황량한 창가에
숨겨진 이야기들을 보았습니다.
그들의 길은 낯선 항구로 향하는 녹슨 닻처럼
고요히 잠겨있고, 주변을 밝히는 별 하나 없이
낡은 지도의 여백 속에 머뭅니다.

우리가 햇살 아래 넉넉히 받은
샘물과 따뜻한 빵의 축복은,
한 모금의 물결을
그 여백으로 조용히 흘려보내야 할 빚입니다.

움켜쥔 손안의 보석이 빛을 잃고
딱딱한 돌이 되어 굳어버리기 전에,
가슴 속의 촛불을 들어 올려
길 잃은 이의 차가운 발을 비춥니다.

우리는 모두 같은 하늘 아래
서로의 숨결을 나누는 강물입니다.
흐르지 않고 멈춘 물이
결국 고인 웅덩이가 되어버리듯,

나눔은 우리의 영혼을 맑게 하는
가장 아름다운 순환입니다.

이 침묵의 기도가
세상의 가장 낮은 곳까지 닿기를,
그들의 텅 빈 그릇에
별빛이 가득 채워지기를.

지구촌 가족

척박한 땅 위
모래 바람 가득한 그곳에도
생명은 피어나고.
푸른 초원 풍요로운 결실
넘치는 땅에도 삶은 이어진다.
다른 얼굴, 다른 빛깔
다른 이야기, 다른 꿈을 꾸지만
우리는 모두 같은 호흡을 하지.
같은 태양 아래 한 시대의 친구들
서로를 위해 손 내밀어줄 때
우린 비로소 지구촌 가족이 된다.
지구는 우리 모두의 집
누구도 홀로 남겨두지 않는
사랑으로 가득한
하나의 거대한 가족.

푸른 별의 눈물

잿빛 하늘 아래 신음하는 땅,
병든 강물은 침묵으로 흐르고,
한때 찬란했던 숲은 비명 속에,
메마른 바람만이 휘몰아친다.

기계의 속삭임은 끝없이 이어지고,
탐욕의 그림자는 더욱 짙어져.
우리가 쌓아 올린 도시의 번영은,
오랜 친구, 지구의 아픔이었다.

하지만 보이지 않는 곳에서
작은 손들이 모여 외친다.
아직 늦지 않았다고, 다시 시작하자고,
푸른 별의 숨결을 되찾자고.

오염되지 않은 자연 속에서
서로의 손을 맞잡고 걷는다면,
새들의 노래가 우리의 멜로디 되고,
꽃들의 미소가 우리의 언어 된다.

새로운 꿈을 꾸자, 더 나은 세상을.
사랑이 꽃피는 초록빛 세상.
지구의 심장이 다시 뛰는 날,
우리는 진정 행복할 수 있으리라.

동행(同行)

선택할 수 있다는 것은 자유이며 갈등이지만
소유될 수 있는 것은 결코 없음을 깨달은 다음에야
품음이 소유가 아니며 떠남은 이별이 아니어라

감각을 가졌다는 사실 하나만으로도
세상을 살만한 충분한 이유일 진데
붙잡지 못할 무상의 것들에 왜 그리 얽매이는가

억겁의 세월을 침묵한 채 부동하고 서 있는
껍질 튼 고목들의 한 어린 흐느낌이 들리는가
합장한 수도자여 하물려 평안에 더하여 무엇을 구하는가

타인을 생삭하기에 귀찮은 세싱이라도
더불어 함께하려는 여유쯤 은 가져 보게
혼자서 헤쳐 가기엔 너무 버거운 세상 아닌가

닫혀진 가슴을 열어 보게, 더 넓고 더 깊이
진실의 맑은 물이 충만하게 고이도록
청량한 그 맑은 진실을 나누며 더불어 함께 가는 길

빛의 여정

진실에서 진리로 그리고 더불어

저　자　금 동 경

발 행 일　2025. 12. 08

출 판 사　도서출판 애플북

I S B N　979-11-24103-23-4(03810)

발 행 처　도서출판 애플북